몹쓸마음

이은선 시집

몹쓸마음
이은선 시집

인쇄 2019년 8월 5일
발행 2019년 8월 10일

발행인 이은선
발행처 반달뜨는 꽃섬 [서울 송파구 삼전로10길50, 203호]

ⓒ이은선, 저작권 저자 소유

ISBN 979-11-959801-0-9 03810
CIP 2019029303

이 도서의 국립중앙도서관 출판예정도서목록(CIP)은 서지정보유통지원시스템
홈페이지(http://seoji.nl.go.kr)와 국가자료공동목록시스템(http://nl.go.kr/kolisnet)에서
이용하실 수 있습니다.

값 10,000원

몹쓸마음

序,

>
> 한 여인을 가슴에 품고
> 한 여인을 사랑하는
> 몹쓸마음

머리말

이러지도,

차례

序,　　　　　　　　　　　　　　　　　5
머리말　　　　　　　　　　　　　　　7

차례

한 여인을 가슴에 품고

동백꽃 피는 사연　　　　　　　　　　15
편지　　　　　　　　　　　　　　　　16
빈자리　　　　　　　　　　　　　　　17
옛 기억　　　　　　　　　　　　　　　18
내일　　　　　　　　　　　　　　　　20
꿈속의 사랑　　　　　　　　　　　　21
독백　　　　　　　　　　　　　　　　22
추억　　　　　　　　　　　　　　　　23
생각　　　　　　　　　　　　　　　　24
봄바람　　　　　　　　　　　　　　　25
졸음　　　　　　　　　　　　　　　　26
잊혀진 기억　　　　　　　　　　　　27
가을비 1　　　　　　　　　　　　　　28

가을비 2	29
간이역	30
문득	31
동백꽃	32
오늘처럼	34
찔레꽃	35
내 사랑은	36
부부	38
돌생기	41

한 여인을 사랑하는

빗장	45
약속	46
절름발이 사랑	47
꿈	48
당신과 걷고 싶습니다	50
춘풍春風	52
베고니아와 수선화	53
생각만 해도 좋은 사람	54

빨간 우체통	56
젖고 또 젖었습니다	57
봄이 오면	58
나였으면 좋겠어요	60
속눈썹	61
그 사람	62
당신께	64
가을 1	65
가을 2	66
내 당신을 사랑함에 있어	68
겨울이 오면	70
당신과 함께하는 날은	72
보고만 왔습니다	74
애사愛思	76

몹쓸마음

떠난다기에	79
달맞이꽃	80
봄	81

사랑이 변하냐는 말	82
그해 봄	83
만약에	86
비만 오누나	88
목련이 질 때쯤이면	89
내 가슴속에 있습니다	90
약속	92
만약	93
오늘 같은 날	94
무제	96
독毒	97
꽃이 진다	98
가시연꽃	99
무늬족두리풀	100
생각	101
미명未明	102
무제	103
틈	104
홍엽紅葉	105
봄꽃 1	106
봄꽃 2	107
섬	108

해우소 110
포도꽃 지면 112

맺음말 115
言, 117
재계再啓 119

한 여인을 가슴에 품고

동백꽃 피는 사연

이른 봄,
수선화로부터 서리가 내릴 즘까지 피어 있을 쌍떡잎 금송화까지
꽃들은 시간의 틈을 메우며 앞다퉈 피고 지건만
한 번 간 당신은 두 번 다시 오질 않네

죽을 만큼 아팠다는 것
심장이 터질 듯 고통스러웠다는 것
내 몸의 수분을 죄다 눈물로 쏟았으리라는 것

두 눈을 뽑아 장님이 되어도 당신을 볼 수 있다면
무릎 위 허벅지 안쪽을 잘라내어도 당신께 갈 수 있다면
두 팔을 잘라 허공의 휘저어도 당신을 안을 수 있다면

보고픈 마음이
하고픈 말들이
끝내 붉음으로 떨어져
한겨울 동백으로 피어났음을

당신은 아는지,

편지

또, 한 편의 편지가 두께를 더 합니다
묵은 편지 위에 새로 쓴 편지를 얹으니
수북했던 먼지가 햇빛에 반짝입니다

나는 이 먼지조차도 털어버리지 않기로 했습니다
당신과 관련해서는 먼지의 두께도 같이 한 시간이니까요

앞으로도,
부칠 수 없는 편지는 그 두께를 더할 것이고
받는 이 없는 편지를 밤새 쓰고 고치기를
덧없이 이어가겠지만

누가 알까요,
고운 먼지 속에 담긴 수많은 이야기를요
다른 사람들이 보면 미쳤다 할 테지만

어찌합니까,
이렇게라도 하지 않으면 정말 미칠 버릴 것 같은걸요

빈자리

언젠가부터
왼쪽 한자리를 비워두는 습관이 들었습니다
시간의 길이가 모든 것을 이야기해 줄 수는 없기에
내심 정해놓은 당신의 자리

빈 가방으로, 작은 소지품으로, 또는
한 권의 책으로 언제나 채워진 자리

마주 앉기를 좋아하는 사람
이야기 중 가끔 왼쪽 자리에 손 짚는 사람
두 눈을 똑바로 보고 이야기하는 사람

이 모든 것이
올 수 없는 당신의 자리를 비워두기 위함임을
함께하는 사람들은 모를 겁니다

옛 기억

비가 오면
잊혔던 기억이
새록새록 떠올라

빗방울 속
곱게 담긴 옛일들이
땅에 떨어져 깨어나고
꽃잎 위로 피어나

잡을 수 없어 잊어야 했던 기억과
버릴 수 없어 부여잡은 기억이

강물 위로 떨어지는 궂은 비처럼
동화되거나 흔적 없이 사라져
끄느름한 하늘에 담길 즘이면
숨겨진 마음 애드러워

지울 수 있어 지워질 사람이라면
잊을 수 있어 잊힐 사람이라면

나는 한자리에 서서
투명한 기억이 씻겨지길
기다리고 있는지도 모르겠습니다

내일

어제가 오늘인 듯
오늘이 어제인 듯
난 시간의 흐름을 느끼지 못했습니다

당신과 헤어진 뒤
난 그 자리에서 꼼짝도 하지 않았나 봅니다

어느덧 겨울은 지나고
세월의 저편에서 봄소식이 왔더군요

언제나 봄을 갈망하지만
황량한 모래바람 스치는
내 마음에도 기쁨을 노래할 봄이 올까

그 어느 날인가
생각하는 오늘이 아니
내일이 그날이었던가요

지금
당신이 몹시도 그립습니다

꿈속의 사랑

밝은 날 둘이 걸었던 길을
어둔 날 홀로 걸으니
발자국에 담긴 사연 세세細細히 그리워라

주머니 속 내 사랑, 송곳 같은 내 사랑,
감추려 감추려 해도 자꾸만 속살을 찔러

온종일 임 생각
잠시라도 잊힐까 서러워,

눈 감고 누워보니 선명한 임의 얼굴
행여 멀리 갈까 손으로 만져보네
눈썹 하나 솜털 하나 그림 같은 임의 모습

눈뜨면 달아날까
눈을 감고 또 감아보네

독백

더 이상
사랑은 없다

세상 끝날 때까지
함께 하겠노라

당신의 고운 손 잡아
가슴에 안았지

외로워 마라
슬퍼도 하지 마라

작은 술잔에
당신의 입술 적셔
찬란한 인생을 마셔보자

쓸쓸한 독백
눈물이 가슴으로 떨어진다

추억

가슴 시리도록 떨리던 시절도
추억이란 이름으로 서서히 덮어지겠지

무겁고 길게 또 짧게만 느껴졌던 시간도
떨어진 낙엽이 갈변하여 땅으로 돌아가듯
세상은 그렇게 새로운 움틈으로 물들며 흘러갈 거야

뜨거운 에스프레소 한 모금의 울컥함도
답답함에 목놓아 울며 떨구던 눈물도

난, 참 오랜 시간
온 마음을 다했기에 눈물 나도록 행복했어

이 순간,

이렇게 글을 쓸 수 있다는 것도 행복하고
고개 들어 하늘을 바라볼 수 있음이 또 행복해

생각

사랑했던 시간도
미워했던 시간도
잡을 수 없을 만큼 이미 멀어졌지만

맛있는 거 먹으면 당신과 같이 먹고 싶고
예쁜 옷 보면 당신 입은 모습 그려보고
맑은 하늘 예쁜 길 보면 당신과 같이 걷고 싶고

당신 이름 부르면
가슴이 설레고 마음이 빨개지는 거 보면

아직도,
내가 당신을
많이 생각하나 봐요

봄바람

물오른 나뭇가지에는
봄바람 가득하여
저마다 고운 자태 뽐내건만

이내 마음 무겁기가
눈물로 뚝뚝 떨어지네

바람에 떨어지는 꽃잎은
눈물에 아롱져 더욱 붉거나 희고 짚어

바람아 불어라

보고픈 임
그리운 임

그곳까지
나 좀 데려가다오

졸음

깜박 졸음에
떠난 임 보았는데

달처럼 곱고
꽃처럼 예쁘길
옛 모습 그대로네

잠에서 깨어나니
누워있는 내 모습
초라하기 그지없어

허전한 마음에
밤마실 나왔건만

차가운 겨울바람만
허공을 찢어대네

잊혀진 기억

이렇게 가랑비와 짙은 안개가 가슴을 덮은 날은
잊은 듯 생각나는 당신 모습에
손을 내밀어 살짝 주먹을 쥐어 봅니다

잡은 걸까요?
손바닥에 느껴지는 촉촉한 느낌

나는 차마 쥐어진 주먹을 펴지 못했습니다
당신이 잊혀진 내 기억 속에만 있듯
주먹을 펴면 아무것도 없을 테니 말이죠

오늘 같은 날,
당신 손에도 촉촉함이 느껴질까요?

가을비 1

가끔,

가슴 한켠에
깊게 자리 잡은 그리움이

피를 토하듯
툭, 튀어나와 옛 자리로 달려가려 한다

그럴 때마다
가슴을 부여잡고 쥐어뜯어야 하는 이 지독한 아픔은
이젠 치유될 수 없는 애달음으로 서서히 물들어 간다

가을비,
가을은 점점 퇴색되어가고

어느덧,
순백의 그리움은
겨울을 향해 달려가고 있다

가을비 2

굵은 빗방울이
가루비 되어 흩뿌리면

내 가슴에
열병처럼 번지는 그리움 하나

하루 종일 내리던 비가
지울 수 없는 얼룩으로 남으면

이젠 눈을 감아야 보이는 당신을
깊은 가을로 물들여 봅니다

노랗게 파랗게
더 붉고 짙게

오늘도
내 작은 그리움은
곱게 곱게 물들어 갑니다

간이역

하루 두 번 완행열차가 멈췄던
간이역에 긴 그림자가 걸터앉는다

철컹철컹 바빴던 검표원 검찰기도
산고사리 이고 뒤뚱이며 달려오던 아낙도
빨리 오라 손짓하던 삐뚤어진 모자의 차장 외침도
은색 무성한 억새 소리로만 남아있다

다음 열차는 언제 올지 모르는데
이젠 키마저 똑같은 높이의 지팡이를 쥔
노부부가 두 손을 꼭 잡고 대합실 빛바랜 의자에
걸터앉아 머리를 기댄다

긴 그림자만큼
짧아진 기억의 거리에서
노부부는 신혼여행을 떠나나 보다

문득

그리우면
그리워할 수 있는 사람이 있어 좋습니다

굳이, 달빛을 밟으며 밤하늘 별을 세는
정처 없는 발걸음을 옮기지 않아도

차가운 겨울바람
가벼이 가슴에 품을 따스함이 아니더라도

길가를 뒹구는 이미 퇴색되어버린
낙엽이 지닌 지난가을 단풍잎만큼이나 예쁜

지나는 바람 소리에도
문득 그리워지면

그렇게
그리워할 수 있는 사람이 있어 좋습니다

동백꽃

빠알간 코트에 가려진 관능적인 엉덩이
유혹인 듯, 매혹인 듯, 봉곳 선 가슴
아차!

벌게진 두 뺨에 스치는 한 올 머리카락
살짝 언 귀불 입술로 녹여주고픈 격한 충동
아차!

매혹적인 눈빛, 옅은 미소,
올려 묶은 머리에서 드러나는 하얀 목덜미
아차!

한걸음 뒤, 또 한걸음 콩닥대는 가슴
먼 산 한번, 구름 한번
아차!

휙,
바람결에 떨어진 빨간 꽃잎
덜컥 내려앉은 마음 하나

이런,
이런,
아차차!

오늘처럼

오늘처럼,

하늘이 그을린 낯으로
낮게 내려와 눈 감은 날에는
당신이 아주 깊게 그립습니다

당신을 향한 내 영혼
쪽빛으로 일렁이는 날에는
당신이 아주 길게 그립습니다

시린 한줄기 바람결에
밀려오는 숱한 사연들

흐느끼는 바람에
고이 실어 보내렵니다

찔레꽃

길섶 찔레꽃,

누안淚眼에 아롱진
꽃잎은 더욱 희어

발걸음 잡아두고
같이 있지 소곤 이는데

어디 갔나
어디 있나

하늘 끝 그곳까지
한 번에 가봤으면

내 사랑은

내 사랑은,
그리움에 흔들리는 깊은 한숨

당신 가슴속에서만
숨 쉴 수 있는 작은 영혼입니다

내 사랑은,
너른 들판에 피어난 이름 모를 작은 꽃봉오리

당신 눈앞에서만
활짝 피는 한 송이 꽃이고 싶습니다

내 사랑은,
가여운 몸짓으로 버둥거리는 작은 새

당신 손위에서
날갯짓하는 파랑새이고 싶습니다

나, 지금 그립다 이야기하는 겁니다
나, 지금 보고 싶다 이야기하는 겁니다
나, 지금 사랑한다 이야기하는 겁니다

당신을 두 눈에 담을 수 없기에
당신을 두 팔에 안을 수 없기에
당신을 입술에 머금을 수 없기에

이리하는 겁니다

부부

처녀, 총각이 만나서 좋아하고 사랑하여 결혼이라는 것을 하지. 그러면 무조건 부부가 된다고 생각을 하는데 부부는 그렇게 쉽게 되는 게 아니야. 연인은 사랑이라는 거 하나면 충분하지만, 부부는 연인의 그 사랑을 깨야만 가능한 거거든, 연인이 사랑이라는 너무 커 눈에 다 담을 수 없는 예쁘고 단단하고 커다란 바위를 만드는 거라면 부부는 그 예쁘고 단단하고 커다란 사랑이란 바위를 두 개의 망치와 두 개의 정으로 다듬으면서 두 사람만의 작품을 만들어 가는 거지

큰 망치와 큰 정은 남편이, 작은 망치와 작은 정은 부인이 가지고 아주 긴 시간을 정성과 성실로 만들어 가야 하는 거야. 부부라는 작품을 만들다 보면 처음에는 서툴고 손에 안 익어 작게 다듬어야 할 곳을 큰 망치로 내려치기도 하고 크게 다듬어야 할 곳을 작은 망치로 하염없이 다듬기도 하지

그러다 보면 작품을 만들기도 전에 부서지기도 하고 너무 많이 조각이 나 다시 붙일 수 없게도 되지, 그래서 사랑이라는 바위는 조심해서 다뤄야 해, 이 바위가 참 단단한 거 같으면서도 예민해서 어떨 때는 큰 망치로 내

리쳐도 부서지지 않지만, 어떨 때는 작은 망치로 툭 쳐도 산산조각이 나거든, 항상 조심해서 다루라고

그렇게 정성을 들이다 보면 그 안에 트로반트처럼 자라나는 작은 돌멩이가 숨은 게 보일 거야. 그런데 이 작은 돌멩이는 성격이 아주 유별나서 자기 혼자 떼굴떼굴 구르기도 하고, 통통 튀어 다니기도 하고, 다듬는 방법도 모르면서 자기 스스로 다듬겠다고 어디서 가져왔는지 꼬마 망치와 정을 가지고 요란도 피우지 그런데 그럴 때일수록 짜증 내지 말고 잘 구슬리고 타일러서 망치와 정을 다루는 법을 알려주면 좀 우습기는 하지만 혼자서도 잘 자라날 거야

그렇게 아주 오랜 시간을 서로 믿고 의지하며 보듬고 다듬다 보면 점점 윤곽이 드러나고 마침내 누구나 부러워하는 부부라는 하나의 작품이 탄생하는 거지

너무 오랜 시간이라 손도 부르트고 어깨도 아프고 허리는 잘려나가는 거 같고 몸살은 낫지도 않고 다리에 힘은 빠지고 중간에 그만두고 싶은 마음도 들겠지만 생각해봐 세상에 하나밖에 없는 둘만의 작품을 만든다는 거 너무

기분 좋고 멋진 일 아니야?

만들다 힘들면 주변을 돌아봐
부서져서 못 만드는 사람들, 만들고 싶어도 못 만드는 사람들, 만들다 포기한 사람들, 부서진 조각을 다시 붙여 어떻게든 만들려는 사람들, 이런 사람들이 부러워하면서 보고 있잖아

잘 알아 두라구

부부란 사랑이라는 큰 바위를 깨고 믿음이라는 둘만의 멋진 조각품을 만드는 거라는 거, 부부라는 작품은 평생을 두고 만들어야 한다는 거,

그러는 나는 부부라는 작품을 잘 만들었냐구?

사실은 말이야
나도 작품을 만들다 작은 망치가 힘들었는지 너무 일찍 먼 곳으로 가서 완성하지 못했다네... ...

돌생기

창졸간 이별이라 건네줄 언약言約없네
돌생기 새긴 뜻은 정은 길고 말은 짧아
후약後約이 있으랴 마는 내내세세來來世世 담으리

한 여인을 사랑하는

빗장

언젠가부터,

힘없이 무너질까 싶어
마음속 빗장을 꼭 걸어놨었죠

혹, 누구에게라도 열릴까
두 손으로 꼭 잡고 있었어요

그만큼의 시간
자신이 있었던 걸까요

잠깐, 아주 잠깐
빗장에서 손을 뗀 날

누군가 들어오는 기척에
깜짝 놀라 빗장을 걸었지만
당신은 어느새 내 뒤에 환한 미소로 서 있었어요

이젠, 당신이 나갈까
빗장을 꼭 잡고 있습니다

약속

다시 만나고자는 약속 없는 헤어짐이었기에
기다림이란 시간이 무의미할지도 모르지만

보고픈 마음조차 약속하지 않은 것은 아니기에
나는 오늘도 당신을 그리워합니다

그리워하는 것밖에
내가 할 수 있는 일은 없지만

당신이 걸었음 직한 길을 내심
살짝 빗겨 걸어가 봄은

당신과 마주치면 어떡하나 하는
지레 겁먹은 마음이겠지요

혹이라도 당신과 정말 마주친다면
저는 그 자리에서 돌이 될지도 모르니까요

절름발이 사랑

당신과 같이했던 단 한 번의 자리,

당신이 일어선 자리는
세상의 무게만큼 무거웠고
나는 차마 일어서지 못했습니다

당신이 앉아 있어도
당신이 떠났어도
슬펐던 그 자리

나는,
일어서는 당신을 잡지 못했고
뒤돌아보는 눈길도 담지 못했습니다

조금은 불편했던 당신의 발목처럼
내 사랑은 언제나 절름발이 사랑

꿈

꿈을 꾸었어,
가까이 있지는 않지만
가까이 있다고 믿고 싶었던 네가
멀리 떠나는 꿈을 꾸었어

잡고 싶었지만
손이 닿지 않았고
쫓아가고 싶었지만
이상토록 발이 떨어지지 않았어

그런데 슬프지는 않았어
돌아선 네 모습이
찰랑대는 네 머릿결이
행복하다 말하고 있기에
나도 행복하다 느꼈어

한 걸음 한 걸음 멀어지는 네 모습이
네 앞을 비춰주는 하얀 행복을 향하고 있다는
내 생각이 틀리지는 않았을 거야

모르겠어,
왜 눈물이 났는지
네가 행복해하는데 말이야

꿈을 꾸었어,
가깝지는 않지만
가깝다고 믿고 싶었던 네가
멀리 떠나는 꿈을 꾸었어

당신과 걷고 싶습니다

당신과 걷고 싶습니다
오랫동안 걷고 싶습니다

빠르지도 늦지도 않게
야트막한 능선 따라
어깨 닿을 듯 좁은 길을
당신과 걷고 싶습니다

심심풀이 풀꽃 향기 씹으며
물소리 나는 냇가 따라
아무도 알지 못하는
하늘과 만나는 길을
당신과 걷고 싶습니다

걷다 힘들면
당신 기다리는 모양으로
몇 번을 뒤돌아보며

내 마음 만들어 놓은 길을
당신도 나도 눈치채지 못할
나지막한 미소로 걷고 싶습니다

눈 부신 빛 어깨 메고
물길처럼 사라지는 길을

아무 날이나
빈 주머니 손 찌르고
당신과 걷고 싶습니다

춘풍 春風

봄바람은
나뭇가지에 걸려 봉오리로 나는데

이제 금방 보고자는
이 마음은
또 덧없이 흘러가네

내 마음 님 가져가
바람조차 걸리지 않으니

내 님 돌아오면
꽃 한번 못 피웠다

보기 싫다
돌아가겠네

베고니아와 수선화

밤새 내린 빗물이
아직 마르지 않아

꽃잎 위 빗방울은
싱그런 아침처럼
햇빛을 머금고 있습니다

작은 꽃집,

보랏빛 베고니아와
노란색 수선화를 번갈아 보다
수선화를 품었습니다

베고니아는 짝사랑
수선화는 이루어질 수 없는
사랑이라네요

생각만 해도 좋은 사람

봄 햇살 가득함으로
서서히 다가왔으면 하는 사람이 있습니다

새벽녘,
물안개 피어오름 같은 설렘으로
조용히 다가왔으면 하는 사람이 있습니다

아직,
코끝 시린 새벽의 상쾌함으로
모든 것을 감싸 안는 포근함으로
나 몰래 다가왔으면 하는 사람이 있습니다

그의 마음 잠잠히 내게 다가와
잠시 머물다 가는 아쉬움이 아닌
왼발 오른발 맞춤의 동행으로
그렇게 다가왔으면 하는 사람이 있습니다

올봄,
치마 속 버선코 내밀 듯
수줍게 다가올 당신은

생각만 해도 좋은 사람

빨간 우체통

손편지를 쓰다 보면
마음이 꽤나 야해진다

편지는 다 쓰지도 못했는데
배실배실 웃음도 간간한 한숨도
괜한 심술도 보이지 않는 곳에
숨겨 놓고 혼자 연극을 한다

편지 내용 때문인지
우체부의 누런 가방이 열릴 때 쯤
당신이 보여 줄 예쁜 미소 때문인지
오늘 밤은 온통 음흉스럽기만 하다

보내고 나면 기억도 안 나고
흉보면 어쩌나 삐지면 어쩌나
걱정만 되고

우체통이 빨간 건,
보내는 이의 마음도 빨개서일까?

젖고 또 젖었습니다

그것이 소나기였다면 잠시 피했을 겁니다
그것이 천둥 번개였다면 눈 감고 귀 막았을 겁니다
그것이 지축을 뒤흔드는 지진이었다면 멀리 피했을 겁니다
그것이 화산의 폭발이었다면 겁에 질려 몸을 움츠렸을 겁니다

당신이 내게 내려앉음은 는개와 같아
나는 그 내림을 알지 못했습니다

이내 곧 걷히고 마는 안개인 줄 알았습니다
새벽녘 잠시 보였다 사라지는 이슬인 줄 알았습니다
맑은 하늘 천천히 지나는 뭉게구름인 줄 알았습니다
후ー 불면 없어지는 눈 속 티인 줄 알았습니다

는개에 젖은 내 속내는
그렇게 젖고 또 젖어
마르질 않습니다

봄이 오면

봄이 오면,

당신과 기차 타고
여행을 떠나고 싶습니다

해 질 녘 기차 타고
새벽이 되거든
강이 보이는 역에 내렸으면 좋겠습니다

물안개 모락모락 피어오르는
새벽 강가에서 싱그러운 봄바람 마시며
잔잔히 흐르는 물결을 바라보고 싶습니다

따사로운 햇살 쏟아져
은빛 물결 반짝일 때는

이따금 당신 무릎에
내 머리 살짝 뉘우고
함께 노래도 부르고 싶습니다

봄이 오면,

당신과
기차 여행을 떠나고 싶습니다

특별히 목적지를 정하지 않아도
강이나 바다가 보이는

급행열차도 좋고
완행열차도 좋고

내 가슴 뛰듯
덜컹덜컹 바퀴 소리 요란한
기차 타고 여행을 떠나고 싶습니다

나였으면 좋겠어요

갑자기 이런 생각을 해봤어요

아주 오랜 시간이 지난 뒤
햇볕도 따스히 적당하고

솔바람 스침도 잔잔해
유난히도 마음 한가한 어느 날

불현듯 당신 마음속에
'그래, 그런 사람이 있었지' 하고

생각나는 사람이
나였으면 하는 그런 생각이요

아주 오랜 시간이 지난 뒤
그땐 정말 나였으면 좋겠어요

속눈썹

초승달 보려 터니
보름달만 둥둥이네

이제 또
서른 날 지나야 보일진대

이 또한
구름에 가린 날이면
또다시 서른 날이야

어찔거나
어찔거나

내 님 속눈썹 닮은 초승달이야

그 사람

많은 시간을 함께했다기보다
같은 공간을 함께 했던 사람
만남의 시간보다 기다림의 시간이 더 길었던 그 사람

남몰래 했던 사랑
내 삶의 의미였다가
내 삶의 희망이었다가
내 삶의 여정이었다가
가장 큰 아픔으로 남겨진 사람

다가설 수 없었기에 붙잡을 수도 없었던
이미 늦었다고 이젠 정말 끝이라고 생각하면서도
우연을 가장한 길에서나마 마주치고 싶은 사람
사랑했던 날보다 그리움과 슬픔의 날이 더 길었던 사람

허락지 않은 사랑이었기에
이별조차도 허락지 않아
흐르지 않는 강물로, 멈춰진 바람의 적막함으로
내 안에 남아있는 사람

지우리라, 지웠다. 생각하면서도 지울 수 없는 이름

잊으리라, 잊었다. 생각하면서도 선명히 떠오르는 입술
망각의 강을 건너며 조차 띄워 보낼 수 없는 얼굴

손 닿지 않는 곳으로 깊게 숨어버린
왼쪽인가 싶으면 오른쪽에서
아래쪽인가 싶으면 위쪽에서
내 안 어디선가 숨바꼭질하는 그의 웃음

눈 감고 가버린 지난날 어디쯤
나도 모를 한숨이 담배 연기처럼
덧없이 흩어지던 어느 날

당신께

보고픈 마음 꾹꾹 눌러
단지 속에 담았건만,

꿈이라
연사흘 찾아오심은
무슨 까닭이 있으신지요

내사 보고픈 마음에
반가움이 앞서나
무슨 일이 있으신가 걱정도 되겠지요

이리 에둘러 찾아오심은
잊지 말라는 말씀이신지
잊을 수 없다는 말씀이신지
아니면 끝내 잊어야 한다는 말씀이신지

오늘 밤,
찾아오신 연유를 말씀해 주실 수
있으실는지요

가을 1

혼자 앉아 차를 마셔도
딱히 외롭지 않을 것 같은
바람 쓸쓸한 날

나지막한 돌계단 올라
햇살 예쁜 테라스에 자리 잡고

깊어가는 가을에 기대어
사랑을 이야기해도 좋겠지

느지막이 고운 노을에 기대어
붉어진 당신의 볼에 입 맞출 즘이면
바람도 잠시 멈춰 줄 거야

이렇게, 나뭇잎이 깊게 물든 시기엔
잘 익은 도토리 하나 주었으면 더욱 좋겠어

가을 2

가을은,
당신 생각하기 참 좋아요

숲속 풀벌레 소리에도
길가에 늘어선 코스모스에서도

당신이 이렇게 깊이 묻어나니
어찌 아니 좋을 수 있겠어요

가을이 제법 익을 때쯤이면
당신께 달려가고 싶어요

풀피리 입에 물고
당신 무릎에 머리를 기대어
잠시라도 깜박깜박 조을 수 있다면 얼마나 좋을까요

샘내어 팔짝 뛰는 풀벌레 소리에 잠이 깨어
당신의 웃음을 볼 수 있다면 정말 행복하겠죠

그러면 나는 기지개 켜는 듯
두 팔을 쭉 펴서 당신을 껴안고 입 맞출 거예요

그렇게 수줍게 붉어진 당신 볼에 또 입 맞추고 일어나
손깍지 끼고 크게 흔들면 맑은 하늘도 뭉게구름으로 화답해
주겠죠

올가을은
작지만 사랑스런 열매 하나 열렸으면 좋겠어요

내 당신을 사랑함에 있어

내 당신을 사랑함에 있어
어떤 의심이 있겠습니까만

한 가지 아쉬운 것은
당신께 하고픈 말을 하지 못함입니다

내 당신께 하고픈 말을 하지 못하는 이유는

당신의 맑은 눈동자와 마주할 자신이 없음이요
당신의 고른 숨결이 나의 뺨을 스침이요
당신의 빨간 입술에 나의 마음을 빼앗겼음이요
당신의 긴 손가락이 나의 심장을 가르기 때문입니다

내 당신을 사랑함에 있어
그 어떤 말에도 미혹되지 않을 것이나

내 당신 앞에 마주할 수 없음은

내가 당신보다 영혼이 맑지 못함이요
내가 당신보다 까다롭지 못함이요

내가 당신보다 웃는 모습이 작기 때문이요
내가 당신보다 한 뼘 정도 낮기 때문입니다

그럼에도 불구하고
내가 당신께 하고픈 말은

상략上略
중략中略
하략下略

그리고

후략後略

겨울이 오면

겨울이 오면,

속 노란 호박 고구마
뜨거운 껍질 호호 벗겨
님 입속에 달게달게 넣어 줘야지

찬바람 쌩쌩 부는 날에는
붉디 붉은 동백 꽃 차
님과 함께 마셔야지

하얀 눈 펑펑 오는 날에는
조그만 눈덩이 얼기설기 만들어
님 등에 몰래몰래 넣어봐야지

쌓인 눈 무릎까지 오는 날에는
파전에 도토리묵, 막걸리도 한잔
도란도란 이야기해야지

한잔 두 잔 취기 속
빠알간 뺨으로 유혹하면
못 이기는 척 품에 안고

진한 사랑도 해봐야지

봄, 여름, 가을, 지나
겨울이 오면,

당신과 함께하는 날은

당신과 함께하는 날은
햇살이 당신의 환한 미소처럼
맑게 부서지는

어느
한적한 바닷가 거친 파도도
해안선에 느긋하게 잠이 들고

하얀 모래가 꿈을 꾸는
그런 날이었으면 좋겠습니다

그날은
안으로 굳게 닫아건 마음의 빗장
두드리지 않아도 활짝 열릴 겁니다

눈물도 없고
아픔도 없는

오직
행복과 기쁨만이 함께 한 날이길

오늘도
난 영원의 모래시계에
작은 입자를 채워 놓습니다

당신과
함께할 그 날을 위해

보고만 왔습니다

보고 싶기에
보고만 왔습니다

내 어찌 당신께 운우지정을 말하겠습니까만
차마 보고픈 마음마저 버리진 못해
보고만 왔습니다

사람 관계라는 것이 본시 말과 뜻이 통해야
맺든 풀리든 할 것인데

내 울대는 어찌 타래난초 대 꼬이듯 비비 꼬여
말은 목을 타고 올라오지 못하고
꽃대에 붙은 마음은 피어나지 못하는지,

몇 번의 봄과 몇 번의 겨울이
어느 한 곳에 머물지 못한 채 온 듯
가버리고 말았습니다

혹여, 제 안부를 물으신다면
저는 그냥 그렇습니다

그럼, 이후로도 내내
안녕하십시오.

애사愛思

생사生絲를 삶고 익혀 명주 한 필 보내나니
바라다 엮인 마음 촘촘히 짜였네라
님이라 설다 하시면 잠사蠶絲란들 마다리

몹쓸마음

떠난다기에

떠난다기에 머리를 짧게 자르고 기다렸습니다
내가 할 수 있는 일이라곤 잘린 머리카락으로 허공에 거미줄 엮는 일

비가 내리기를 바랐는지도 모르겠습니다
고개를 끄덕이는 것이 아니라 빗물을 털어내는 것처럼
짐짓 꺼내 문 담배 한 개비에 라이터 불이 붙지 않도록
흠뻑 이나 무거운 빗속에 떨리는 마른 몸

만남은 항상
수명을 다한 무릎 연골처럼 삐걱 이며 한쪽으로 기울어
늘어진 눈꺼풀에 속눈썹이 눈동자를 찌르는 따가움처럼
마음을 열고 닫음이 한순간 눈 깜박일 정도의 무게였으면 좋겠다는 생각을 해봅니다

힘없이 늘어진 거미줄,
떠난 사람이 또 떠난다기에
나는 손을 들어 눈을 가렸습니다

마치,
빗물을 씻어 내리듯

달맞이꽃

어둠 속에서 혼자서만 느끼는 모든 것을 좋아하는
나는 밤을 기다리는 달맞이꽃이 되었다

어두운 하늘, 간간이 창문을 두드리는 바람과
흔들리는 동작을 반복하는 시계추와
어지러운 삶 속에 뒤범벅된 지난날의 사연들
이젠 기억의 되돌림을 멈추고 싶은 욕망을 느끼지만

조금만 더 조금만 더 하는 삶에 대한 우둔愚鈍한 미련과
이미 퇴색되어 미몽迷夢속에 보이는 희망이라는 글자.
아직 감지 못한 한쪽 눈과 아직 뜨지 못한 한쪽 눈 사이에서
수없이 반복되는 갈등과 절망
이겨내지 못할 무게의 압박감

이젠, 펜을 놓고 시계추가 멈추기를 기다리기보다
내가 먼저 시계추의 흔들림을 못 보도록 깊은 잠에 빠지고
싶다

봄

겨우내 숨어있던 봄이
하늘빛 바람으로 물들고

풀잎 사이로 얼어있던 이슬은
개구리 콧등으로 떨어져
개골개골 잠 깨우는데

봄이 내려와,
벚꽃은 별처럼 피어나고
봄볕은 민들레처럼 가벼워

청노루귀 수줍음에
복사꽃 연분홍
영취산 진달래도 붉은

봄은 색깔도
참, 곱구나

사랑이 변하냐는 말

미움이 모여 사랑이 된다고 했던가
사랑하는 마음만큼
미운 마음도 겹겹이 쌓여

사랑한다 해야 할지
미워한다 해야 할지

용문산 은행나무에 기대어
연곡사 부레옥잠 꽃잎을 바라보는

사랑이 변하냐는 말
사람이 변한다는 말

그해 봄

샌드위치 싸서 놀러 가요,

1.
그해 봄은 그렇게 왔더랬습니다
촉촉한 양상추의 아삭함과
얇은 베이컨의 짭조름함
달걀 샐러드의 고소함으로

샌드위치를 먹다
당신 무릎에 머리를 대고
잠시 잠들었던 그때
왜, 한 방울 눈물이 흘렀는지
나는 아직도 알지 못합니다

2.
적積,
정사각형 모양으로 높게 쌓아 올린
탑 모양 조각 작품의 명제가 '적積'인 걸 보고
그럼 저 돌을 다 흩어 놓으면 '파破' 냐
어이없는 내 말에 깔깔대고 웃던 당신

그런데 그 '파破'를 하나하나 내 손으로
쌓아 올려 '적積'을 만들고 싶었던 마음을
당신을 알았었나요?

3.
햇살이 은빛으로 흘러가던 냇가
은어처럼 꼼지락거리던 작고 흰 발을 만지려
물속에 손을 넣었던
우리가 사랑을 했었던가요?

냇가에 두 발을 담그니
아카시아 나뭇잎 사이로 떨어지는 은빛
환영처럼 보이는 작은 은어의 움직임
우리는 사랑을 했었던가요?

4.
이제 내리는 빗방울이
발가락을 간지럽히던 물방울처럼 보이는 것은
나는 아직 행복했던
지난봄을 간직하고 있나 봅니다

가장자리를 잘라낸
부드러운 식빵 속살로 만든
당신의 입술처럼 달콤했던

그해 봄,

만약에

만약에
만약에 말이야

한 사람이
한 사람을 생각함이
그 깊이를 알 수 없다면
믿을 수 있겠니?

만약에
만약에 말이야

한 사람이
한 사람을 가슴속에 담아둠이
절대 지울 수 없는 새김으로 남아 있다면
믿을 수 있겠니?

만약에
만약에 말이야

한 사람이
한 사람을 그리워함에

한시도 그 사람을 떠날 수 없다면
믿을 수 있겠니?

만약에
만약에 말이야

한사람이
한 사람을 기억에서 지우려 할 때
절대 지울 수 없어 자신을 지우려 한다면
믿을 수 있겠니?

만약에
만약에 말이야

말도 안 되는
이 모든 것이 진실이라면
믿을 수 있겠니?

만약에
만약에 말이야

비만 오누나

한 열흘쯤 먼
님 마음 떨어지듯
비만 오누나

비가 오기로
새들도 어디론가 숨어들어
울음소리조차 들리지 않으니
비만 오누나

비가 오기로
흰 구름 먹구름 산마루 걸려
가고 오지 못하니
비만 오누나

하얀 금낭화
곱게 달리면 오시겠다는 님
아니 오고

비만 오누나
비만 오누나

목련이 질 때쯤이면

슬쩍 지나는 볕 사랑
야멸찬 내 사랑

겨우내 숨겨 두었던 이야기
미처 풀어내지 못했는데
어찌타, 잎 지고 사랑은 가네

고귀한 모습 이울어져도
그 향은 깊게 남아

떨어진 꽃잎 드니
옷소매 눈물만 가득

내 가슴속에 있습니다

내가 전하는 작은 것 하나에도
나보다 더한 기쁨으로
활짝 웃어주는 사람

내가 실수하여 걱정할 때
장난치듯 툭 쳐서
내 마음 풀어주는 사람

핸드폰 열 때마다
가장 먼저 눈이 가는
몇 번을 망설이다 결국 누르지 못하는
그런 사람이 있습니다

그리움에 어둠을 저만치 밝혀낸
그 사람 생각만 가득 채워도 모자란 사람

나와 같은 하늘을 올려다보며
기다림의 시간을 엮어가는
그런 사람이 있습니다

오늘따라
그 사람과 마주했던 시간이 그리워
가슴이 미여 옵니다

정말, 소중한 그 사람은
언제나 내 가슴속에 자리 잡고 있습니다

약속

갈 수 없는 먼먼 길이
꿈길이라 가까웠나

한걸음에 당도하니
님 보기도 부끄러워

마당엔 흔들 그네
가슴은 콩닥콩닥

어줍고 쑥스러워
애먼 곳만 바라보네

천지로 꽃밭이고
햇볕도 하얀 것이

꿈속에서 꿈을 꾸니
깨어나도 꿈속이라

이후로 만날 길은
꿈속으로 정해놓고
눈을 감고 또 감아보네

만약

하루를 살아도
깊은 골 흐르는 물처럼
깨끗하고 순수하게 살고 싶고

반나절을 살아도
은은하고 청순한 달무리처럼
잔잔한 그리움으로 살고 싶고

한 식경을 살아도
날아가는 새처럼
흘러가는 바람처럼
자유롭게 살고 싶습니다

만약,
이 글을 다 쓴 후 죽는다면

내 옆에
당신이 있었으면 좋겠어요

오늘은
비가 오려나 봅니다

오늘 같은 날

문득,
함박눈이 왔으면 좋겠다는 생각을 해봤어요

언 듯 작은 기척에 문 열면
당신이 수줍은 듯 고개 숙이고
그렇게 서 있었으면 좋겠구

오랜만에 펴 본 이젤 위 캔버스에는
한 번의 붓 길로도 멋진 그림이 그려졌으면 좋겠어요

이젠 너무 지글거려 무슨 소린 지도 모를
오래된 트랜지스터라디오에선
비틀즈나 사이먼 앤 가펑클 정도면 흥얼거릴 수 있을 것 같구요

책상에 앉기보다는
침대에 누워 언제가 읽다 만 두꺼운 책
한 장 한 장 넘기며 마음속 가을걷이도 하고 싶어요

오늘처럼
오랜만에 마음 울렁이는 날은

짙은 그리움에
향 좋은 커피보다

목 넘김 좋은
소주 한 잔도 좋을 것 같아요

무제

몸이 떠나올 때
마음도 가져와야 했을 것을

어쩌자고
마음은 고이 접어놓고 와

이리
더듬거리며 살꼬

독(毒)

그리움도 쌓이고 쌓이다 보면
독(毒)이 되나 보다

심장이
녹아내린다

꽃이 진다

꽃이 진다,

꽃이 지기로 꽃은 져서
네 가슴속 나는 피어라

사랑은 자학의 시작,

서리맞은 산다화의
붉은 눈빛

산다화 피는 그곳
멈춰버린

여린 눈빛

가시연꽃

생각해 보면
그리 긴 시간도 아니랴

저 도도히 흐르는
한강 물은 말 없이 오천 년을 흘렀건만

핀다는 기약만 있다면
백 년의 기다림이야

천년 바위 위에 피울 꽃
기다리는 마음

망부석이라 알 것이며
상사목이라 알 것이랴

무늬족두리풀

어디 그리 수줍어
피고도 숨었더냐

한 대 한 꽃도 절개려니
그마저 수줍더냐

피고 지고
피고 지고

또,
지고 피거들랑

꽃잎 위
어여쁜 한 꽃이어라

생각

뉘엿뉘엿 해지니
괜시리 목은 컬컬하고 발걸음만 바쁘다

아는 이 없는 곳
어디든 가는 길은 가깝지 않고

이리저리 두리번거리다
한가한 대폿집 문을 두드린다

아직 어린 주모는
안쪽 미닫이문을 드르륵 열고
헝클어진 머리로 웃으며 맞아준다

아무도 없는 대폿집
고른 도마 소리는 천정에 대롱이고
나는 애써 눈길을 창 쪽으로 돌린다

희미한 형광등과 탁주 한 잔
잦아드는 석양에 생각만 하염없다

미명 未明

황색 바람에 갈라진
도시의 아스팔트는
새벽이 당도하길 기다리고

나는
몽돌해변 자갈 쓸리는 소리에 취해
크게 소리 내어 울었다

한 길 얼음장 밑, 소리 없는 물길은
얼어붙은 내 귀를 송곳같이 찌르고

미명 未明의 저편은
휘어진 등뼈를 고아 만든 등불

바람만
쉑쉑 소리 내어 운다

무제

산을 오르고 있었다

길게 늘어진 산영山影
그림자는 방향 잃은 나침판처럼
한자리를 맴맴 돌고

썩은 옹이같이 깊게 패인 무릎이
풀잎에 걸려 넘어진 후에야
벼랑으로 떨어진 걸 알았다

오름,
그곳이 비록 삶과 죽음의 중간 어디쯤이라도
나는 한순간만이라도 온전한 나이기를 바랬기에
수많은 밤도 돌아누울 수 없었다

감당치 못할 생의 무게가
흔들리는 무릎을 여지없이 누르고
꺾이지 않는 목을 들어 바라봤을 때

비로소,
그곳이 굽어진 나의 등이었음을 알았다

틈

뭐라 불러야 하나... ...
지상도 지하도 아닌 창문이랄 것도 없는
잘 벼려진 칼날 같은 틈새로 빛이 들어오는 이곳을

사각을 벗어난 삐뚤어진 공간에 움직임 없는 공기의
퀴퀴한 짓누름은 천정에 달린 유리병의 수액만 고무관을
통해 똑똑 내려주고 있다

문을 열고 나가야 하리,
검게 밑줄 친 '숨'이라는 외자에 '통'이라는 외자를 이어주려면
몇 방울 남은 수액의 떨어짐을 혓바닥으로 핥으며 기어 기어
밖으로 통하는 문을 열었다

잠깐 동안의
햇볕,

시멘트 보도블록 틈새에 지렁이 한 마리가 꿈틀거린다

홍엽 紅葉

싸래 바람 점점 짙어
얼굴은 까칠한데

내 님 마음
떨어진 듯

발등 홍엽은
더욱 붉어 고아라

홍엽에 물든 마음
감추기도 어려워

혹이나 대문 열고
백 잔 두 개 놓으니

뭐 하냐며 들어서는
친구가 더욱더 얄밉고야

봄꽃 1

말하고 싶지 않은데,

할 말도 별로 없고
생각도 나지 않는데
꽃이 마구마구 피어날 때가 있다

나더러
어떡하라는 건지,

봄꽃 2

나뭇가지에는
아직도 겨울이 성성한데

바위틈을 삐져나온
이름 모를 작은 꽃을 보고

혹여 밟을까
발걸음도 조심조심

쪼그리고 앉아
한동안 넋을 놓았네

하늘을 한 줌 쥐어 내려놓은 듯
쪽빛 하늘이 졸망졸망 인사를 하는

이렇게 따뜻한 날은

즐거워 웃는 일 이외는
아무것도 생각하기 싫어라

쉼

1.
도시에서 태어난 내가 도시가 싫어 도망치듯 잰걸음을 옮겼다가도
부질없음으로 되돌아와야 했음을 몇 번의 경험으로 잘 알고 있다
책임, 의무, 도리, 역할, 내게 있어 도시는 나를 위함이 아닐지도 모른다

삐딱하게 기울어진 높은 건물의 뜨거운 그늘과 텁텁한 공기
아이들을 찾지 못한 술래의 긴 그림자만큼 깊게 드리어진 한숨
한 번도 벗어나지 못한 도시는 항상 나를 불안하게 만든다

2.
무작정 떠나 불현듯 멈춰버린 낯선 곳
작은 꽃들의 재잘거림에 이끌려 들어선 산기슭
제법 큰 나무에서 손이 붉게 물들 정도로 따먹은 열매가
오디였다는 것을 마트의 사각 플라스틱 상자 속에서나
알 수 있었던 나의 삶은 도시에서도 시골에서도 살 수 없는
어정쩡함의 연속이었을지도 모른다

3.
쉼, 내게 있어 쉼이란 이렇게 어색하고 거북한 것이었을까
삶도 죽음도 아닌 조바심 내 몸은 동그랗게 말린 채 어쩔 수 없이
우연히 찾아온 쉼 또한 철저히 거부하고 있는지도 모를 일이다

4.
비스듬히 열린 투명한 유리 위로 타박하듯 떨어지는 빗방울
낮게 들려오는 샴포냐 소리, 엘 콘도르 파사(El Condor Pasa)
콘도르(Condor), 그 무엇에도 얽매이지 않는 자유

나는 빈속에 소주 두 병쯤 마신 나른함과 뒤척임으로
서서히 눈을 감는다

해우소

가끔은, 아니 기억을 못 해서 그렇지 생각보다 자주일 거야

왼발을 두세 계단 위에 올려놓고 오른발 신발 끈을 묶는다든지
핸드폰을 하면서 핸드폰을 찾는다든지
안경을 쓴 채로 세수를 한다든지 하는 조금은 이상한 일상
말이야

왜 그럴까, 아무리 생각을 해봐도 그 이유를 모르겠어
정신 차리자, 찬물로 세수라도 할라치면 걸쳐 있는 안경
쓰레기 버리고 와야지 하면서 택배만 가지고 들어오고
청바지에 티셔츠 입고 떡하니 구두 신고 나가는 정신머리

잡으려 해도 잡을 수 없는 뭔가가
어디서 솔솔 새고 있는 것 같은 느낌

절간 해우소는 속에 맺힌 상념 모두 버릴 수 있다던데
해우소도 어느 절간 해우소가 좋은지
별의별 쓸데없는 생각이 또 일어나고 흩어지니

왜 이럴까,
항상 정신 차리고 살아야 한다고 매번 다짐하면서 말이지

포도꽃 지면

마을 가득했던 포도꽃 향이
점점 옅어지고
꽃이 떨어질 즘이면
가지가지 포도송이 열리겠지

포도는 채 익기 전
더러는 떨어지고
더러는 까치밥이 되기도 하며

농부의 그을린 주름과
아낙의 잰걸음을 같이 하며
짙게 익어갈 거야

포도밭을 지나다
짐짓 모른 척 포도알 하나 따서
입에 물었을 때 느껴지는
수많은 이야기

서두르지 않고 천천히
익어가는 포도송이같이

주렁주렁 달콤한
시詩 한 수 쓰고 싶다

맺음말

저러지도,

글,

그 사람이 떠나던 날,

검은 머리띠를 한 그 사람 사진이 제게 묻는 듯했습니다. '다른 사람 만날 거야?' 한 치의 망설임도 없이 저는 대답했습니다. '아니'

제게 있어 '아니'라는 대답은 너무도 당연한 것이었기에 그 후로도 책상 앞 공깃돌을 보듯 아이들만 보고 살아왔습니다. 이미 제 마음속에 들어온 사람도 '아니'라고 부정하면서 말입니다.

시간이 지나고 세월이 흐르면 모든 것이 제 자리로 돌아올 줄 알았습니다. 그러나 제 마음속에 들어온 사람은 나갈 생각을 하지 않습니다. 아니, 제가 내보내지 않고 있는지도 모를 일입니다

생각해봅니다.
한 여인을 가슴에 품고, 한 여인을 사랑하는 일이 과연 온당한 일인가,

모르겠습니다. 그저 이 몹쓸 마음을 어찌해야 하는지,

이러지도 저러지도 못하는 몹쓸 마음을 ('못된 마음'이라 해야 좀 더 정확한 표현이 되겠지만,) 詩의 형식을 빌어 묶어 봅니다

                                    2019년 여름
                                       이은선

재계 再啓

시를 짓는 과정에서 몇 군데 수정하면 좀 더 편한 글이 될 것 같아 손을 보려 했으나, 그러면 제 마음이 변하는 것 같은 느낌이 들어 초안 그대로 출간하기로 결정하였습니다. 정제되지 않은 미흡한 졸작들을 묶어 출간하는 만큼 많은 꾸중이 있을 거라 생각은 되지만, 부디 너른 마음으로 이해하여 주시기 바랍니다.